Einige Tips vorweg

Erste, grundlegende **Informationen** will dieses Büchlein denjenigen bieten, die nur wenig Zeit für die Besichtigung Bambergs haben. 9 der wichtigsten Bamberger **Sehenswürdigkeiten** werden beschrieben und illustriert. Am Fuß jeder Seite finden sich kurze Hinweise auf weitere **Kunstwerke**. Zum besseren Verständnis des Gesehenen dient ein knapper Überblick über die **Geschichte** Bambergs. Ein „Kurzer Wegweiser" mit den wichtigsten **Adressen** und **Öffnungszeiten** erleichtert die Planung des Stadtbesuches. Auf dem Stadtplan in der hinteren Umschlagseite skizzieren farbig markierte Punkte die besprochenen Bauwerke; die Zahlen finden sich bei den entsprechenden Texten. Lassen Sie so bald wie möglich Ihr Auto stehen, das hier nur Nerven und Zeit kostet. Bamberg ist eine Stadt für Fußgänger: die Entfernungen sind gering, und jeder Schritt bringt neue Entdeckungen. Der Bus bringt Sie bis ins Herz der Altstadt; hier ist es am schönsten, sich treiben zu lassen.

Inhaltsverzeichnis

Dom

Kathedrale St. Peter und Georg,
Bischofskirche des Erzbistums Bamberg.
Höhepunkt der Kunst zur Zeit des Übergangs von der Romanik zur Gotik in Deutschland.
4 Türme, 2 Chöre, Westquerhaus.

1237 Weihe des Doms, den die Bischöfe Otto und Ekbert von Andechs-Meranien anstelle der 1081 und erneut 1185 abgebrannten Kathedrale Kaiser Heinrichs II. errichten ließen.

Kunstwerke

1. **Gnadenportal** (um 1200): rechts der Muttergottes die Gründer von Dom und Bistum, Kaiser Heinrich und Kaiserin Kunigunde, links die Dompatrone Peter und Georg
2. **Adamspforte:** die Figuren (um 1225) heute im Diözesanmuseum
3. Papst **Clemens II.** (um 1225): Figur vom einzigen Papstgrab nördlich der Alpen (das Hochgrab des einstigen Bamberg Bischofs auf dem Westchor ist nicht zugänglich)
4. **Maria** und **Elisabeth** (um 1225)
5. **Chorschranken**: diskutierende Propheten (5a) und Apostel (5b)
6. **Hl. Dionysius** und der **lachende Engel** (um 1225)
7. **Domreiter** (um 1225): König Stephan der Heilige von Ungarn (?)
8. **Kaisergrab** von Tilman Riemenschneider (1513). Reliefs: Kunigunde muß zum Beweis ihrer Unschuld über glühende Pflugscharen gehen, Heinrichs Tod, Seelenwägung und Heilung Heinrichs durch Benedikt
9. **Ecclesia** (um 1225): Darstellung der christlichen Kirche
10. **Synagoge** (um 1225): Darstellung des Judentums
11. **Marienaltar** von Veit Stoß (um 1523)
12. **Grabfigur** des Bischofs Friedrich von Hohenlohe († 1352)
13. **Fürstenportal** (1225): Jüngstes Gericht, seitlich die Apostel auf den Schultern der Propheten

Notizen

4 Bauhütten erbauten den Dom von Ost nach West in etwa 40 Jahren; die Barockzeit (Küchel) vereinheitlichte die Turmhelme. Der ursprünglich bunt bemalte Bau (Reste z. B. an Clemensfigur, Nr. 3) wurde 1828/37 „bereinigt“, d. h. Tünche und nachmittelalterliche Ausstattung wurden entfernt.

1

Domreiter

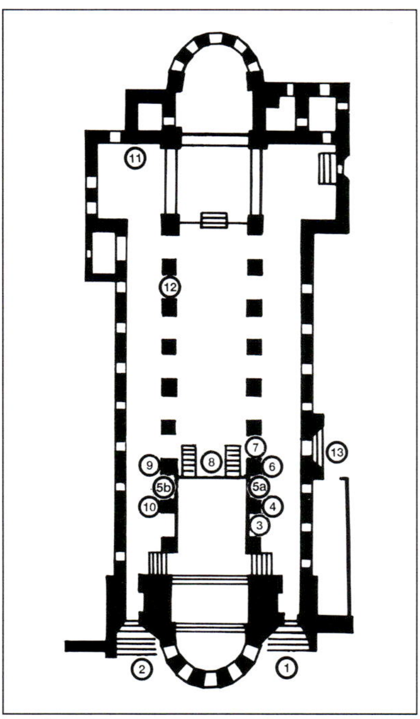

Kaisergrab (Ausschnitt): Tod Heinrichs II.

Fürstenportal (Ausschnitt): Selige

Marienaltar (Ausschnitt): Christi Geburt

Alte Hofhaltung

Regierungssitz des Bischofs im Mittelalter,
einst Pfalz Kaiser Heinrich II. Burgplateau schon im 7. Jahrhundert von Slawen und Germanen bewohnt.

1020 Weihe der Burgkapelle St. Thomas im Turm.
1479/1487 Fachwerkbauten um den Innenhof (Wirtschaftsgebäude).
1568 **Kanzleibau,** für Bischof Veit II. von Würzburg durch Baumeister Asmus Braun (= Figur am Fuß des Erkers).
1573 **Schöne Pforte,** Hofeingang von Bildhauer Pankraz Wagner: Maria mit Heinrich und Kunigunde, Petrus und Georg, liegend Main und Regnitz.

Notizen

Der Stumpf des Turms der Domburg, dessen obere Geschosse in der Barockzeit abgebrochen wurden, steht rechts neben der Schönen Pforte und enthält die Doppelkapelle St. Thomas und Katharina, die bisher nicht zugänglich ist. Weitere Überreste des romanischen Palas im Historischen Museum.
Im Innenhof auch: Schmiede (Nägel in den Säulen!), Backhaus, Brunnen. Im Sommer dort Freilichtaufführungen der Calderón-Festspiele.

Historisches Museum in der Alten Hofhaltung: Geschichte der Stadt und ihrer Umgebung von der Steinzeit bis zum 20. Jahrhundert; z. B. romanischer Ritterkopf, Tafelgemälde Apostelabschied (1483, älteste Stadtansicht Bambergs), Holzmodell Vierzehnheiligen von Balth. Neumann, Plastiken des Rokokobildhauers Ferdinand Tietz.
Domherrnhöfe hinter der Alten Hofhaltung entlang der Domstraße, die meisten im Kern mittelalterlich, gebaut wie kleine Burgen; manche Höfe tagsüber zugänglich. Sehr malerische Gassen!

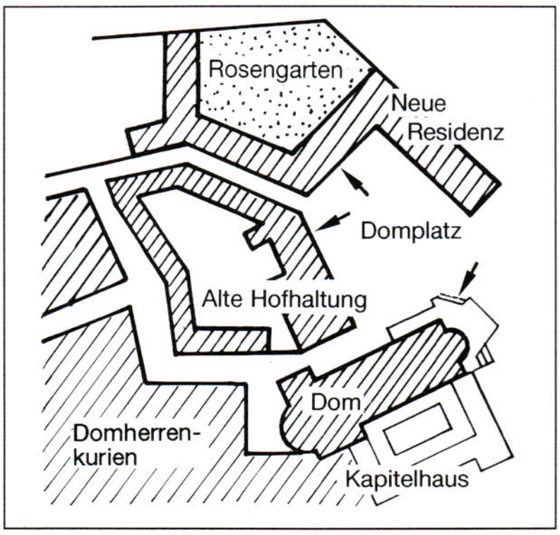

Apostelabschied mit Stadtansicht von Bamberg im Historischen Museum in der alten Hofhaltung (1483)

Neue Residenz

Residenz des Fürstbischofs. Auftakt des barocken Schloßbaus in Oberfranken, Ausdruck absolutistischen Herrscherwillens.

1605 Westflügel, vom Nürnberger Stadtbaumeister Jakob Wolff für Fürstbischof Joh. Philipp von Gebsattel.
1697–1703 Bau der beiden Flügel am Domplatz von Leonhard Dientzenhofer für Fürstbischof Lothar Franz von Schönborn.

In der Neuen Residenz

Prunkräume: links vom Haupteingang Treppenhaus; Kasse für Führung durch die reich ausstaffierten Räume und den **Kaisersaal** (ausgemalt von Melchior Steidl 1707)
Staatsgalerie: Werke von internationaler Bedeutung, z. B. die „Lucretia" von Lucas Cranach d. Ä. oder die „Sintflut" von Hans Baldung Grien und Spitzenwerke des 17. und 18. Jahrhunderts.
Staatsbibliothek: im Stadtflügel der Residenz, hervorragende Altbestände mit 4500 Handschriften ab dem 5. Jahrhundert.
Rosengarten: 4500 Rosenbüsche, Rokokofiguren von Ferdinand Tietz (1760), Pavillon (mit Café) 1756 von J. M. Küchel, Blick über die Dächer zum Kloster Michelsberg

Notizen

Der vom „Bauwurmb" besessene Fürstbischof Lothar Franz von Schönborn (1693–1729) konnte den geplanten 3. Residenzflügel (überstehende Quader an der Ecke zur Karolinenstr.) als Ergänzung zum U-förmigen Bau wegen Geldmangels nicht verwirklichen. Im 19. Jh. Nebenresidenz der Wittelsbacher, darunter Otto von Griechenland nach seiner Vertreibung als griechischer König.

Neben dem Dom das (2) **Kapitelhaus** (1730, Balthasar Neumann) mit dem hervorragenden **Diözesanmuseum:** weltweit einmalig sind die romanischen Textilien – der Sternenmantel Kaiser Heinrichs (1020, Süditalien), das Gunthertuch (1050, Byzanz), der Papstornat Clemens' II. († 1047) u. a. Dort auch die Figuren der Adamspforte (Dom).

4

Kaisersaal (1707)

„Bamberger Apokalypse“ (um 1000), Staatsbibliothek

„Lucretia“ von Lucas Cranach (um 1530), Detail: Kopf, Staatsgalerie

Michelsberg

Ehemaliges Benediktinerkloster,
heute Altersheim.

1015 Gründung durch den Bamberger Bischof Eberhard.
1121 Neubau der Kirche, in der 1139 Bischof Otto der Heilige begraben wird.
1610 Brand des Dachstuhls, neue Gewölbe mit dem berühmten Himmelsgarten: 578 botanisch exakt gemalte Pflanzen.
1696–1750 Barockisierung von Kloster und Kirche durch die Brüder Dientzenhofer.
1803 Auflösung des Klosters, Einrichtung als Bürgerspital.

In der Michelskirche

Kanzel, 1751 von Schreiner Anton Thomas und Bildhauer Georg Reuß, schönstes Stück der Barockausstattung
Grabtumba des hl. Otto unter dem Chor, 1440; der Durchschlupf ermöglicht dem Gläubigen den engen Kontakt mit dem Heiligen
Grabplatte Ottos, 1288 von einem Würzburger Künstler
Grabdenkmäler von 10 Bamberger Bischöfen des 16.–18. Jahrhunderts, 1833 aus dem Dom entfernt, in den Seitenschiffen der Michaelskirche aufgestellt
Heilig-Grab-Kapelle am Ende des rechten Seitenschiffs; an der Decke einzigartiger Totenspiegel aus Stuck

Notiz

Der Weg vom Domplatz zum Michelsberg dauert etwa eine Viertelstunde. Besonders schön ist der Weg durch den Garten, den man durch eine Pforte in der Mauer am unteren Ende der Aufsessgasse betritt. Von der Terrasse hinter der Kirche bietet sich ein weiter Panoramablick über die Stadt.

Brauereimuseum: im linken Wirtschaftsflügel, zeigt Geschichte des Bierbrauens.
St. Getreu: ehem. Propstei oberhalb des Michelsbergs, heute Nervenklinik.
(8) **Kreuzweg:** 7 Stationen von der Elisabethenkirche bis St. Getreu, um 1500, ältester Kreuzweg Deutschlands

Grabplatte des hl. Otto (1288)

Kanzel (1751)

Barock-Altäre (1727)

Deckengemälde, Ausschnitt (1617)

Karmelitenkloster

Stimmungsvoller gotischer Kreuzgang mit figurenreichen Kapitellen;
Kirche mit zwei Fassaden.

1157 Gründung des Nonnenklosters St. Theodor; Reste des staufischen Klosterbaus im Kreuzgang bei der Restaurierung 1974 entdeckt.
1392 Neubau des Kreuzgangs von Meistern der Parlerschen Bauschule; dabei Rückgriff auf Formen der Romanik (z. B. Rundbogen).
1589 Karmeliten beziehen das ausgestorbene Kloster.
1692 Barockisierung von Kirche und Kloster durch Leonhard Dientzenhofer; barocke Fassade anstelle der früheren Apsis.
1803 Auflösung des Klosters bei der Säkularisation.
1902 Wiederbesiedlung durch Karmeliten.

Notiz

Eingang zum Kreuzgang links oben neben der barocken Kirchenfassade. Auf der anderen Seite der Kirche, im Westen, blieb die romanische Fassade der Kirche aus der Stauferzeit mit dem sog. Löwentor erhalten.
Die Bildersprache der Kapitelle ist heute nur noch in Einzelfällen zu enträtseln. Manche Motive sind antiken Tierfabeln entnommen, die sich auf Christus beziehen.

Der Kaulberg, Bambergs Ausfallstraße nach Westen, war mit 3 Toren befestigt und zeigt im oberen Teil noch den dörflichen Charakter der früheren Häcker- (= Weinbauern)siedlung.

Kreuzgang (1392)

Kapitelle: Christus zwischen Engeln / Fabelwesen

Obere Pfarre

Kunstwerke

Salvator und 12 Apostel an den Langhauspfeilern, 1481 von Ulrich Widman, Bamberg. Im Barock weiß gefaßt.
Gnadenbild im Hochaltar, Köln um 1330
Sakramentshaus im Chorumgang, 1392
Taufstein mit den 7 Sakramenten, 1515 Bamberg

In rechten Seitenschiff:
Himmelfahrt und Krönung Mariens, Holzreliefs vom ehem. Hochaltar, um 1500, Bamberg
Aufnahme Mariens in den Himmel, 1547 von Jacopo Tintoretto, Venedig

Katholische Pfarrkirche „Unsere liebe Frau".
Bedeutendstes gotisches Bauwerk Bambergs.

1338 Baubeginn Langhaus.
1350 Brautpforte mit den Klugen und Törichten Jungfrauen.
1392 Chor, beeinflußt von der Bauhütte der Parler (Prag).

Notizen

Am Sonntag nach Mariä Himmelfahrt (15. August) wird das Gnadenbild, gekleidet in reiche barocke Gewänder, in einer großen Prozession zur Schmerzhaften Muttergottes von St. Martin getragen.
Der Turm sollte ursprünglich einen durchbrochenen Spitzhelm bekommen; der jetzige Turmabschluß von 1537 wurde bis ins 20. Jahrhundert als Türmerwohnung genutzt.
In der Weihnachtszeit und bis Anfang März große Krippe mit häufig wechselnden Szenen.

Der Oberen Pfarre gegenüber am Kaulberg:
Neuer Ebracher Hof, Stadthaus des Klosters Ebrach, 1765 von Stadtbaumeister Martin Mayer, Verwaltungsgebäude des Internationalen Künstlerhauses

Gnadenbild (1330) im barocken Hochaltar

Brautpforte: Kluge Jungfrauen (1350)

Böttingerhaus

Prunkvollstes Bamberger Bürgerpalais.
Beherbergt heute Kunstgalerie (Dalí-Sammlung).

1708–1713 von Geheimrat Ignaz Tobias Böttinger; Architekt unbekannt (Stadtbaumeister Andreas Ammon?); Vorbild: Genueser Palast. Bemerkenswertes Treppenhaus, raffinierte Terrassenanlagen im Hang des Stephansberges.

Notiz

Fürstbischof Lothar Franz von Schönborn hatte sich, um den Einfluß des Adels einzuschränken, einen bürgerlichen Beamtenstab geschaffen. Böttinger wurde zum wichtigsten Beamten des Hochstifts (= „Staat“ des Fürstbischofs). Seinen u. a. im Spanischen Erbfolgekrieg erworbenen Reichtum „verbaute“ er, ganz im Sinn seines Dienstherrn. Drei Jahre nach Vollendung des neureich prunkenden Böttingerhauses, das überdies mit einem offenen Treppenhaus und ohne Gänge (Enfiladen) für eine Familie mit 12 Kindern unpraktisch war, begann er den Bau eines neuen Stadtschlosses, die ⑮ **Concordia** (1716 – 22 von Johann Dientzenhofer) mit Handwerkern aus Schloß Pommersfelden, das damals gerade im Bau war. Sitz des Internationalen Künstlerhauses.

Jenseits des linken Regnitzarmes: ⑲ **Schloß Geyerswörth,** Stammsitz der Patrizierfamilie Geyer, 1586 von Asmus Braun für Fürstbischof Ernst von Mengersdorf umgebaut. Heute Sitz verschiedener Ämter. Im „Gartenflügel“ (ehem. Badeanstalt) der Tourismus- und Kongress-Service. i

Böttingerhaus, Fassade . . .

. . . und Treppenhaus

Altes Rathaus

Einst Mittelpuntk der Bürgerstadt
Heute Museum.
Einmalige Lage auf einer Insel im linken Regnitzarm zwischen Oberer und Unterer Brücke.

1385/1440 Neubau anstelle älterer Bauten.
1668 Rottmeisterhäuschen (Rottmeister = Polizeichef der Stadt im Mittelalter).
Farbiges Fachwerk.
1749 Barockisierung durch Stadtbaumeister Martin Mayer.
1755 Balkone von Bonaventura Mutschele mit den Wappen von Fürstbischof Franz Konrad von Stadion (1753–57) auf der Stadtseite und dem Stadtwappen (Stadtritter) auf der Bergseite.
1755 Fassadenmalerei von Johann Anwander: Darstellung von Herrschertugenden. Kombination von Malerei und Plastik (z. B. Sinnbild der Malerei = Engel mit Palette, dessen eines Bein aus der Wand ragt).
Im 2. Weltkrieg sehr beschädigt, 1960 rekonstruiert.
1995 Einzug der **Sammlung Ludwig** „Glanz des Barock. Fayence und Porzellan".

Notizen

Der Sage nach erbauten die Bürger ihr Rathaus auf einer neugeschaffenen Insel, weil der Bischof dafür keinen Zollbreit von seinem Boden hergeben wollte. Tatsächlich war es die Verbindung zwischen der ersten Bürgersiedlung im Sand zu Füßen des Dombergs und dem neuen Stadtteil um den Grünen Markt, der seit dem 12. Jahrhundert immer wichtiger wurde.
Obere Brücke: 12. Jahrhundert, häufige Wiederherstellungen. Kreuzigungsgruppe 1715 von J. L. Gollwitzer
Untere Brücke: 1967 anstelle der 1945 gesprengten Brücke.
Hl. Kunigunde 1743 von Peter Benkert (Kopie), letzte von 5 Brückenfiguren

Blick von der Unteren Brücke auf **Klein-Venedig,** malerisches Ensemble von Fischerhäusern, von der Oberen Brücke auf Schloß
⑲ **Geyerswörth,** auf
⑯ **St. Stephan** (Zwiebelturm)
und auf den Chor der
⑬ **Oberen Pfarre.**

Altes Rathaus (Balkon)

Obere Brücke (Blick zur Oberen Pfarre)

Hl. Kunigunde, Untere Brücke

Martinskirche

Kunstwerke

Pietà im rechten Seitenaltar, Köln um 1330
Angsttafeln an der rechten Querschiffwand, Passionsdarstellung, 1511
Hochaltar, Stuckmarmor, von Giov. Brenno 1701
Scheinkuppel über der Vierung, von Francesco Marchini 1714

Notizen

Die Gebrüder **Dientzenhofer** gründen die erste große Barock-„Baufirma“ Frankens. Von ihnen stammen z. B. die Neue Residenz in Bamberg, die Klöster Banz, Ebrach und Michelsberg, Schloß Pommersfelden u. a.

Katholische Pfarrkirche, ehemalige Jesuitenkirche. Beginn der barocken Kirchenbaukunst Frankens.

1686–1693 Bau durch Georg Dientzenhofer aus Prag und seinen Bruder Leonhard für die Jesuiten als machtvolles Beispiel der Gegenreformation. 1804 wird sie Hauptpfarrkirche der Stadt.

Grüner Markt: Seit dem 12. Jahrhundert Zentrum der sich um ihn entwickelnden Bürgersiedlung, heute Hauptstück der Fußgängerzone, hier und auf dem anschließenden Maxplatz täglich Blumen- und Gemüsemarkt.
Gabelmann: Marktbrunnen mit Neptunsfigur, 1698 von Kaspar Metzner.
Maxplatz: Entstanden durch den Abbruch (1804) der mittelalterlichen Martinskirche und die Aufhebung ihres Friedhofes

Pietà (um 1330)

Scheinkuppel (1714)

Zur Geschichte

Mehr als 1000 Jahre Geschichte prägen das Gesicht Bambergs. 902 wird das „castrum Babenberg“, die Burg auf dem Domberg, erstmals erwähnt. 1007 gründet Kaiser Heinrich II. hier ein Bistum. Er will den Ort zu seiner Hauptstadt machen und beschenkt ihn deshalb reich. Die kaiserliche Förderung führt zu einer raschen Blüte. Kirchen und Klöster entstehen: St. Michael, St. Stephan, St. Jakob, St. Gangolf. An der Stelle des abgebrannten Heinrichsdomes wurde im 13. Jahrhundert der heutige Dom gebaut. Die meisten Kirchen liegen im Berggebiet der Stadt, auf den berühmten „7 Hügeln“. Hier war im Mittelalter auch der Sitz des Bischofs, des Stadt- und Landesherrn, in der Alten Hofhaltung neben dem Dom. Die Bürgerstadt dagegen entwickelte sich – nach Anfängen am Fuß des Domberges – auf der Insel zwischen den beiden Armen der Regnitz. Dieser Unterschied zwischen der „geistlichen“ und der „weltlichen“ Stadt ist auch heute noch spürbar. Das Berggebiet ist die Region der stilleren, manchmal verwunschenen Gassen, die Insel ist Haupteinkaufszentrum. Die Namen der Märkte – Obstmarkt, Grüner (= Gemüse-) Markt, Holzmarkt, Heumarkt – zeigen die Vielfalt Bamberger Wirtschaftslebens auch in früheren Zeiten. Entscheidenden Anteil daran hatten die Gärtner, deren Anbaugebiete östlich des rechten Regnitzarmes neben dem Berggebiet und der Inselstadt den dritten Baustein zur Struktur der Stadt fügen.
Diese Struktur, die Lage der Straßen und Grundstücke, ist noch immer mittelalterlich. Das Gesicht der Stadt, die Fassaden der Häuser, der Schmuck von Brücken und Plätzen, wurde jedoch in der Barockzeit unter den Schönbornbischöfen neu geprägt, die durch vorbildliche Bauten und durch Steuervorteile die Bürger zur Umgestaltung ihrer Häuser anregten.
Glücklicherweise blieb Bamberg im Zweiten Weltkrieg vor größeren Schäden bewahrt.
Das bescherte der Stadt eine Sonderstellung: Sie hat die größte erhaltene Altstadt Deutschlands. 1981 wurde sie zum Stadtdenkmal erklärt,

Klein-Venedig

1993 in die Unesco-Liste des Weltkulturerbes aufgenommen. Dennoch ist hier nichts Museales zu spüren. Bamberg ist eine sehr lebendige Stadt mit etwa 70 000 Einwohnern, Universität und zahlreichen Schulen, Einkaufs- und Behördenzentrum eines weiten Umlandes.
Sicher wächst viel von dem Zauber und dem Charme dieser Stadt aus dem täglichen Umgang mit dem Gewordenen, der die Vergangenheit nicht leise verächtlich als Überwundenes betrachtet, das allenfalls noch als nostalgische Fassadenzier zu gebrauchen ist. Es gelang, das Wissen der Zeiten, überliefert auch in Kunstwerken, Bräuchen, Häusern und Gärten, in das Heute einzubeziehen.

Kleiner Wegweiser

Telefonvorwahl 09 51

Auskunft
Tourismus & KongreßService (TKS i)
Geyerwörthstr. 3
96047 Bamberg,
Tel. 87 11 61, Fax 87 19 60

Bamberg card
Stadtführungen, 6 Museen, Stadtbusbenutzung, Zeitung
48 Stunden gültig

Bamberger Symphoniker
Büro *Mußstr. 1,*
96047 Bamberg,
Tel. 9 64 71 00
Karten siehe Kartenvorverkauf

E. T. A. Hofmann-Theater
Schillerplatz 5,
96047 Bamberg
Tel. 2 08 73 07 oder 87 14 33

Fahrradverleih
Rad im Hof, *Untere Königstr. 32, Tel. 2 30 12*
Radsport Käs,
Nürnbergerstr. 151,
Tel. 13 03 88

Jahreskalender
April: Passionskrippen
Mai: Frühjahrsplärrer
Juni – Sept.: 8 Kirchweihen (Ende August Sandkirchweih)
Juni/Juli: Calderón-Freilichtfestspiele, Alte Hofhaltung
Rosengartenserenaden
Bamberg zaubert
August: Antiquitätenwochen
Oktober: Herbstplärrer
November: Kabarett-Tage
Dezember: Krippenrundweg

Jugendherberge
Wolfsschlucht, Ob. Leinritt 7,
96049 Bamberg, Tel. 5 60 02,
Fax 5 52 11

Kartenvorverkauf
Bamberger Veranstaltungsdienst (BVD), *Lange Str. 22,*
96047 Bamberg,
Tel. 9 80 82 20, Fax 9808230
Veranstaltungsservice Bamberg,
Unt. Königstr. 40,
96052 Bamberg, Tel. 2 38 37,
Fax 9 80 83 33

Kutschenfahrten
Mai – Okt. Do. – So.
Kartenverkauf über TKS i

Märkte
Obst- und Gemüsemarkt: tgl. auf dem Marktplatz
Blumenmarkt: tgl. auf dem Grünen Markt
Honigmarkt: Faschingsdienstag früh auf dem Maxplatz
Mittfastenmarkt: zwischen Aschermittwoch und Ostern, Grüner Markt und Maxplatz (Körbe, Rechen u. a.)
Weihnachtsmarkt: 1.12. – 23. 12. auf dem Marktplatz

Omnibusverkehr
28 städtische Linien.
Zentraler Omnibusbahnhof (ZOB) an der Promenade (Tel. Auskunft 7 77 15)
Omnibusverkehrsgemeinschaft Franken (Tel. Auskunft 0 95 61 / 74 94 80

Parken
siehe Stadtplan

Schifffahrt
Rundfahrt auf der Regnitz
F. Kropf, *Kapuzinerstr. 5,*
96047 Bamberg, Tel. 2 66 79,
Fax 20 12 59.
Anlegestelle am Kranen.
März – Okt. Tgl. ab 11 Uhr im Stundentakt. Sonderfahrten für Gruppen ab 50 Pers. ganzjährig.
Main-Donau-Kanal
Bamberg – Forchheim
Anlegestelle Löwenbrücke
Neptun Personen-Schifffahrt
Hügelstr., 90449 Nürnberg,
Tel. 09 11 6 00 20 55,
Fax 6 00 20 54
August bis Anfang Sept. Mi

Stadtführungen
TKS i
Bamberg kennen lernen"
April – Okt.
Mo. – Sa. 10.30 u. 14.00 Uhr
Sonn- und Feiertage 11 Uhr
Nov. – März
Mo. – Sa. 14.00 Uhr
Sonn- und Feiertage 11 Uhr
Viele Spezialführungen

Öffnungszeiten

Eintrittspreise gelten für Erwachsene, Jugendliche meist verbilligt. Montags sind alle Museen geschlossen. Gruppen werden nach Vereinbarung häufig auch außerhalb der offiziellen Öffnungszeiten eingelassen.

Altes Rathaus *Obere Brücke, Tel. 87 11 42*

Sammlung Ludwig Dauerausstellung „Glanz des Barock“ (Porzellan und Fayencen)
9.30 – 16.30 Uhr
€ 3,10

Böttingerhaus *Judenstr. 14*
Besichtigung des Hofes möglich

Diözesanmuseum *Domplatz 5, Tel. 50 23 25*
10 – 17 Uhr
€ 2,–

Dom 9.30 – 18 Uhr
Nov.- März: 17 Uhr
Keine Besichtigungen während der Gottesdienste und an manchen Feiertagen

E.T.A.-Hoffmann-Haus *Schillerplatz 26*
16 – 18 Uhr
Sa., So., Feiertage: 10 – 12 Uhr
Führungen anmelden bei TKS i (Tel. 87 11 61)

Fränkisches Brauereimuseum *Michelsberg, Tel. 5 30 16*
Mi. – So. 13 – 17 Uhr
Nov. – März Voranmeldung

Gärtner- und Häckermuseum *Mittelstr. 34*
Mai – Okt.
Mi. und So. 14 – 17 Uhr
Gruppen anmelden bei TKS i (Tel. 87 11 61)
€ 1,–

Geyerswörth, Turm Schlüssel im TKS
Mo. – Fr. 9 – 18 Uhr,
Sa. 9 – 15 Uhr

Historisches Museum *Domplatz 7, Tel. 87 11 42*
Mai – Okt. 9 – 17 Uhr
€ 2,10

Holowood Museum *Willy-Lessingstr. 10, Tel. 2 08 08 14*
Tgl. 10 – 18 Uhr
€ 3,10

Karmelitenkreuzgang *Karmelitenplatz 1, Tel. 9 52 90*
8.00 – 11.30 (So. 11.00) und 14.30 – 17.40 Uhr

Naturkundemuseum *Fleischstr. 2, Tel. 86 32 48*
9 – 17 Uhr. Okt. – März 16 Uhr

Neue Residenz *Domplatz 8, Tel. 5 63 51*

Staatsgalerie 9 – 18 Uhr, Okt. – März 16 Uhr
Führungen nach Bedarf
€ 2,–

Staatsbibliothek *Domplatz 8, Tel. 95 50 30*
9 – 17 Uhr, Sa. 9 – 12 Uhr

Villa Dessauer – Stadtgalerie Bamberg *Hainstr. 4a, Tel. 87 18 61*
Wechsel-Ausstellungen
10 – 16.00 Uhr
€ 2,10

Zum Stadtplan

1 **Dom:** siehe Seite 2

2 **Domkapitelhaus + Diözesanmuseum:** siehe Seite 6

3 **Alte Hofhaltung + Historisches Museum:** siehe Seite 4

4 **Neue Residenz (Staatsgalerie, Staatsbibliothek, Rosengarten):** siehe Seite 6

5 Erzbischöfliches Palais: 1763 von J. M. Küchel

6 Langheimer Hof: Stadthaus des Klosters Langheim. Hübscher Innenhof. Beim Torschuster: früher Haupttor der Domburg

7 Jakobskirche: 1065, Inneres fast rein romanisch. Barockfassade 1771

8 **Kreuzweg:** siehe Seite 8

9 Aufseesianum: Schülerheim, Stiftung des Domherrn J. B. von Aufseß, 1740 von J. H. Dientzenhofer

10 **St. Michael (Brauereimuseum):** siehe Seite 8

11 Maternkapelle: romanisch/gotisch. Im Winter Krippenausstellung

12 **Karmelitenkloster:** siehe Seite 10

13 **Obere Pfarre:** siehe Seite 12

14 **Böttingerhaus:** siehe Seite 14

15 **Concordia:** siehe Seite 14

16 St. Stephan: ev.-luth. Pfarrkirche (seit 1807), Stiftung der hl. Kunigunde, Turm 13. Jh., Kirche 17. Jh. (Antonio Petrini)

17 Dominikanerkloster: Kirche Kulturraum, daneben Gaststätte Schlenkerla (Rauchbier)

18 **Altes Rathaus:** (Sammlung Ludwig, Porzellan) siehe Seite 16

19 **Schloß Geyerswörth:** siehe Seite 14

20 Ehemaliges Schlachthaus: 1742, heute Universitätsbibliothek